Dieses Buch gehört:

Christina Braun

Das alte Ägypten

TESSLOFF

Hallo!

Ich bin Kleo, die Katze,
und lebe in der Stadt Theben.
Das ist eine Stadt im alten Ägypten.
Hier findet man das Tal der Könige und
auch beeindruckende Tempelanlagen.
Hast du schon einmal etwas
von Pharaonen und Mumien gehört?
Ich kann dir zeigen, wie so ein Pharao
lebte und wie es in den Pyramiden
wirklich aussah.
Kommst du mit?

Inhalt

Das Leben im alten Ägypten

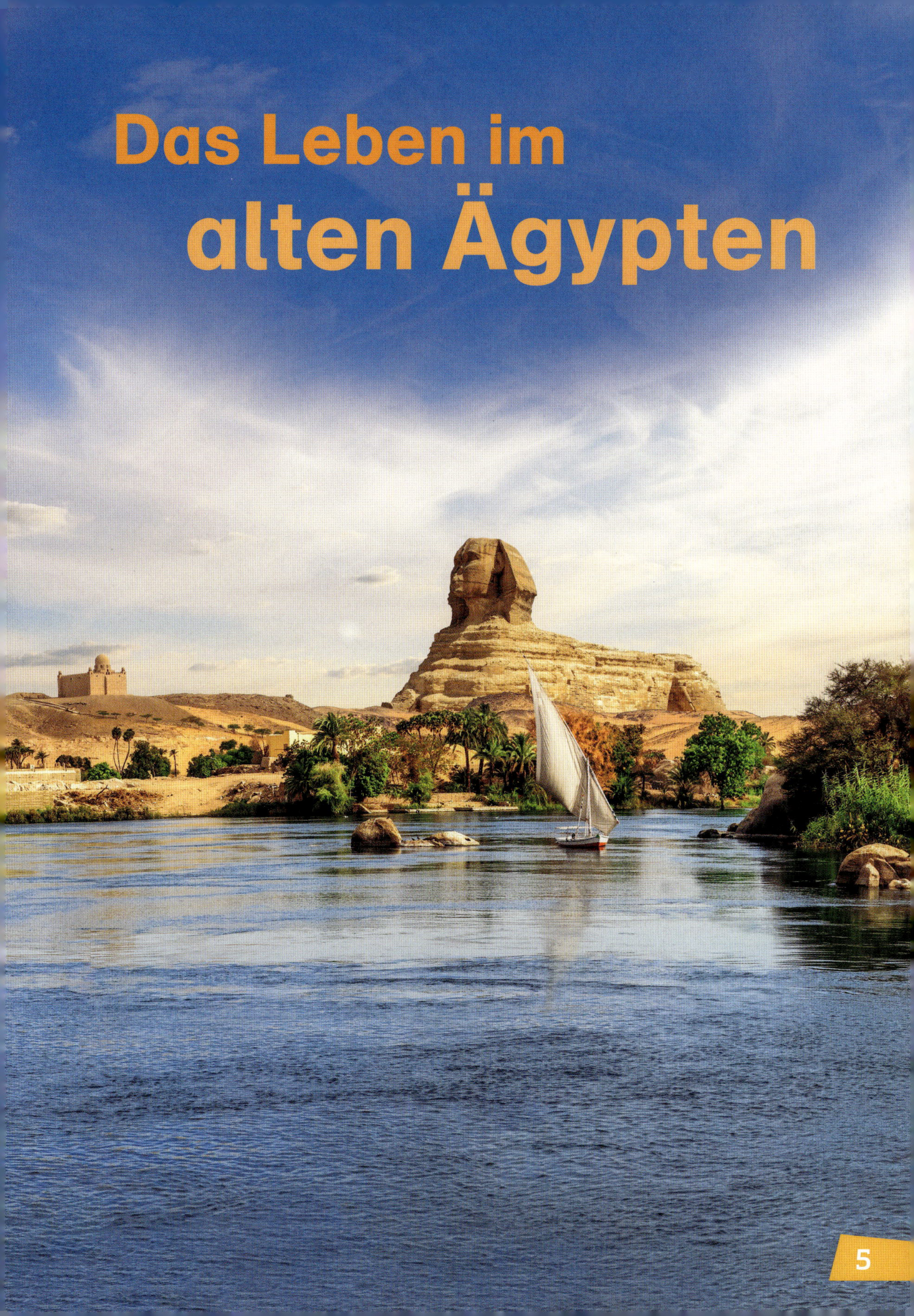

Ein grüner Streifen in der Wüste

Das Land Ägypten liegt im Norden Afrikas.
Weil es dort heiß und trocken ist,
gibt es riesige Wüstengebiete.
Aber durch Ägypten fließt auch
der längste Fluss der Welt: der Nil.

In der Nähe dieses Flusses lebten
schon vor 5000 Jahren die alten Ägypter.
Sie erbauten die berühmten Pyramiden.
Und sie konnten vieles andere,
worüber wir heute noch staunen.

Leben am Fluss

Einmal im Jahr floss so viel Wasser im Nil, dass er das Land überschwemmte. Wenn die Überschwemmung vorbei war, blieb Schlamm zurück. Er machte den Wüstenboden fruchtbar. Die Menschen konnten Getreide und Früchte anbauen.

Am Nil fingen die alten Ägypter Fische und gingen auf die Jagd. Sogar Flusspferde und Krokodile gab es. Und es wuchs die Papyruspflanze. Man machte daraus Papier, Schiffe, Dächer und Möbel.

Papyrus

Der Nil in Ägypten

Am Nil gingen die Menschen fischen und jagen.

Wie alles begann

Vor ungefähr 5000 Jahren
begann die Zeit des alten Ägypten.
Sie dauerte etwa 3000 Jahre lang.

Anfangs gab es nur kleine Dörfer,
in denen die Menschen wohnten.
Langsam wurden diese Ansiedlungen größer.
Manchmal gab es Streitigkeiten
oder etwas musste organisiert werden.
Deshalb wurde eine Art Oberhaupt
gewählt, der das dann regelte.
Später kümmerten sich Könige
um die Angelegenheiten mehrerer Dörfer.

König Narmer regiert.
Er hat Ober- und
Unterägypten vereint.

Um 3300 vor Christus

Das ist das Zeitalter
der Pyramiden.

Etwa 2700 bis
2200 vor Christus

Die ersten Pharaonen

Meist wurde das Land von einem Pharao regiert. Über 100 Herrscher gab es im Laufe der Jahrtausende.

Frauen auf dem Thron

Im alten Ägypten hatten Frauen dieselben Rechte wie Männer. Deshalb gab es auch Frauen auf dem Pharaonenthron. Aber nicht allzu oft.

Ramses der Zweite wird Pharao.

Um 1279 vor Christus

Kleopatra die Siebte ist die letzte Pharaonin.

Um 50 vor Christus

Im alten Ägypten arbeiteten viele Menschen in der Landwirtschaft oder als Handwerker.

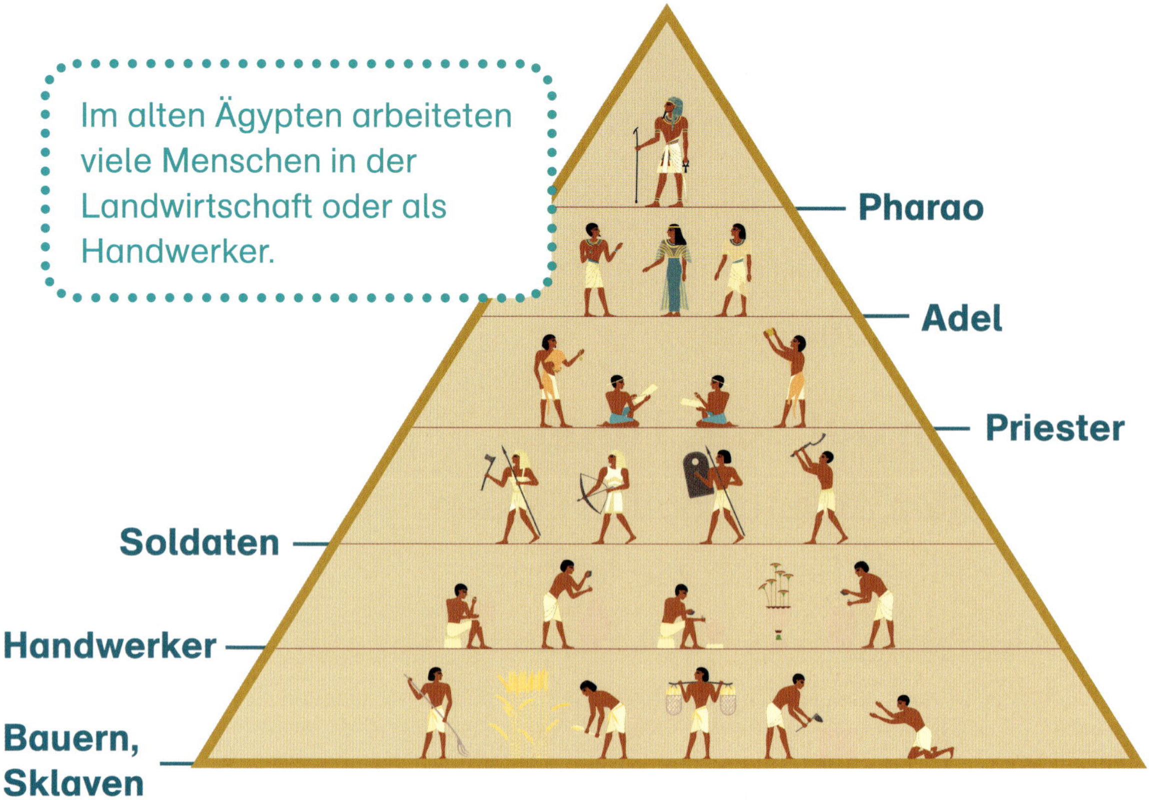

Leben im alten Ägypten

Die Gesellschaft im alten Ägypten
war wie eine Pyramide aufgebaut.
An der Spitze stand der Pharao.
Er machte die Gesetze.
Und er führte die Soldaten an.
Der Wesir war sein Stellvertreter.

Auch viele Beamte halfen
dem Pharao beim Regieren.
Sie konnten lesen und schreiben.
Das beherrschten nicht viele Leute.

Berufe im alten Ägypten

Die Priester beteten die Göttern an
und brachten ihnen Opfergaben.
Nur Priester und der Pharao
durften die Tempel der Götter
und Göttinnen betreten.

Viele Menschen arbeiteten im Handwerk,
als Hirten, Friseure und in zahlreichen
anderen Berufen.
Wer Handel betrieb, verkaufte seine Waren
meist mit dem Schiff im ganzen Land.
Die meisten Menschen verdienten ihren
Lebensunterhalt mit Landwirtschaft.

Dieses kleine Modell wurde in einem Grab gefunden.
Es zeigt einen Teil von einem Bauernhof.

Pharao Tutanchamun
auf seinem Thron.

König und Gott zugleich

Der Pharao herrschte nicht nur über das ganze Land. Er wurde auch wie ein Gott verehrt. So wurde er zugleich als Mensch, König und Gott betrachtet.

Darum sollte er anders aussehen als alle anderen Menschen. Als Zeichen seiner Macht trug er eine Krone oder ein Königskopftuch. Das wurde Nemes genannt.

Der Pharao Tutanchamun
wurde in diesem prächtigen
Sarkophag beerdigt.

Was macht ein Pharao sonst so?

Der Pharao saß aber nicht den ganzen Tag mit der Krone auf dem Kopf auf dem Thron. Er hatte viele Besprechungen mit seinem Wesir, den Beamten und Priestern. Und er ging auf die Jagd oder machte Musik.

Der Palast des Pharao

Der Pharao lebte mit seiner Familie in einem riesigen Palast. Es gab einen großen Garten mit vielen Pflanzen und Wasserbecken. Ein Pharao hatte sehr viele Angestellte. Seine Bediensteten mussten ihn sogar waschen und ankleiden.

Wahrscheinlich trugen viele Frauen ihre Haare kurz. Frisuren bestanden häufig aus Perücken.

Echt berühmt

Einige der Pharaoninnen und Pharaonen waren besonders bekannt. Auch heute noch kennen wir ihre Namen und sprechen über sie.

Nofretete

Nofretete war mit Echnaton verheiratet. Sie war sehr mächtig. Eine ihrer Töchter heiratete später den Pharao Tutanchamun.

Echnaton

Dieser Pharao ließ für den Gott Aton eine Stadt erbauen.

Ramses II.

Ramses wurde
über 80 Jahre alt.
Er ist im Tal der Könige
begraben.

Kleopatra

Kleopatra die Siebte ist
die letzte Pharaonin.
Nach ihr herrschten
die Römer über das Reich.

Cheops

Er ließ die größte
Pyramide Ägyptens
bauen.

Tutanchamun

Er war erst neun Jahre alt,
als er Pharao wurde.

Ein Bauer bei der Feldarbeit.

Landwirtschaft

Viele Menschen im alten Ägypten arbeiteten auf den Feldern. Die Arbeit war sehr anstrengend. Die Felder gehörten nicht den Bauern, sondern Großgrundbesitzern. Dafür mussten die Bauern Steuern an sie bezahlen.

Ackerbau

Wenn der Nil das Land überschwemmt hatte, mussten die Äcker umgegraben werden. Damals gab es noch keine Traktoren. Der Pflug wurde von Ochsen oder Eseln gezogen.

Der Trick mit dem Wasser

In Ägypten regnet es nur selten.
Um die Felder zu bewässern,
nutzten die Menschen eine schlaue Erfindung.
Sie gruben Gräben zwischen den Feldern.
Während der Überschwemmung sammelte
sich in den Kanälen das Wasser.

Die Wasserwippe

Mit Eimern und einer Art Wippe wurde dann
das Wasser auf die Felder abgeschöpft.
Diese Wippe nannte man Schaduf.
Mit der Zeit verbesserten die Menschen
ihre Wassergräben.
Mit kleinen Schleusen konnten sie das Wasser
aufstauen oder abfließen lassen.

Schaduf auf einer Wandmalerei.

Feldarbeit mit Schaduf heutzutage

Häuser aus Lehm

Trat der Nil über seine Ufer,
hinterließ er Nilschlamm.
Daraus ließen sich dann Lehmziegel machen.
Diese wurden zum Bauen von Häusern verwendet.

Einfache Häuser

Menschen mit wenig Geld lebten in kleinen,
einstöckigen Häusern in den Dörfern.
Sie besaßen keine Möbel.
Sie schliefen auf Matten auf dem Boden.
Ihr ganzer Besitz passte in eine Kiste.

Hocker

Kosmetikkoffer

Prächtige Anwesen

Reiche Leute besaßen
größere Häuser mit mehreren Zimmern
und eigenem Garten.
Im Garten befand sich ein Brunnen.
In den Häusern gab es eine Küche,
Schlafzimmer, Kinderzimmer und
eine Speisekammer.

Wer dort wohnte, konnte sich Stühle,
Tische, Liegen und auch Geschirr leisten.
Manchmal gab es Toiletten.

Die Frauen hatten meist ein Trägerkleid an.

So zog man sich an

Tagsüber war es in Ägypten sehr warm.
Die Kinder trugen oft gar keine Kleider.
Die Erwachsenen benutzten leichte Stoffe.
Meistens waren sie weiß.

Bauern und Arbeiter wickelten
sich ein Tuch um die Hüften
oder trugen einen einfachen Rock.
Die Frauen hatten meistens
ein schmales Kleid mit Trägern an.

Reiche Leute benutzten feinere Stoffe.
Sie trugen auch gerne Schmuck
wie Halsketten, Armreife und Ringe.

Das Leben der Kinder

Wenn die Eltern es wollten,
konnte jedes Kind zur Schule gehen.
Dort saßen die Kinder auf Matten
und lernten lesen, schreiben und rechnen.

Doch meistens gingen nur die Söhne
reicher Leute in die Schule.
Mädchen lernten nur selten schreiben.
Die Kinder von Bauern oder Handwerkern
halfen ihren Eltern schon früh bei der Arbeit.

Die Mädchen trugen meist mehrere Zöpfe.
Bei den Jungen wurden die Haare abrasiert –
bis auf eine einzige Strähne an der Seite.

Schreiben lernen war ziemlich schwer.
Die Kinder schrieben mit Tinte
auf Papyrus, Tonscherben
oder Holz.

Weintrauben werden gepflückt und zu Wein verarbeitet.

Essen und Trinken

Auf den Feldern in Ägypten wurde
viel Getreide angebaut.
Daraus wurde Brot und auch Bier hergestellt.
Das durften sogar schon Kinder trinken,
da es kaum Alkohol enthielt.

Ansonsten ernährten sich die Menschen
von Erbsen, Bohnen, Kürbissen,
Weintrauben, Datteln und Feigen.
Sie züchteten Schweine, Ziegen und Rinder.
Außerdem angelten sie Fische.

Rindfleisch war teuer; deshalb stand es nur selten auf dem Speiseplan.

Kleos Lesequiz

1 Wie heißt der längste Fluss der Welt?

a) Donau

b) Nil

c) Amazonas

2 Wer wurde wie ein Gott verehrt?

a) Der Wesir.

b) Der Schreibbeamte.

c) Der Pharao.

3 Welchen Beruf übten die meisten Ägypter aus?

a) Sie waren Bauern und Bäuerinnen.

b) Die meisten Ägypter waren Beamte.

c) Schreiber war der Hauptberuf in Ägypten.

Lösung: 1b), 2c), 3a)

Religion und Götter

Die Reise ins Jenseits

Im alten Ägypten glaubten die Menschen, dass nach dem Tod ein neues und besseres Leben auf sie wartete. Dort ging es allen gut und es gab keine Krankheiten und kein Leid.

Um vom einen ins nächste Leben zu gelangen, mussten zwei Bedingungen erfüllt sein. Zum einen sollte der Körper unversehrt sein. Er wurde für das neue Leben gebraucht. Daher entwickelten die Ägypter Methoden, um den Körper der Toten haltbar zu machen. Das ist das sogenannte Mumifizieren.

Der Körper des Verstorbenen wurde nach der Mumifizierung in Leinenbinden gewickelt.

Beim Totengericht wird das Herz auf die Waage gelegt.

Im Moment des Todes verlässt der Seelenvogel Ba den Körper.

Das Totengericht

Zum anderen mussten die Toten
das Totengericht bestehen.
Denn im Jenseits wartete schon
der Totengott Osiris auf die Verstorbenen.
Er stellte ihnen verschiedene Aufgaben.
Anschließend wurde das Herz
der Verstorbenen gewogen.
War das Herz nicht schwerer als eine Feder,
erhielt der Tote das ewige Leben.
War es jedoch schwer von Sünde,
gelangte der Verstorbene nicht in das Jenseits.

Die Mumifizierung

Für ihre Reise ins Jenseits mussten
die Körper der Toten gut erhalten sein.
Ärmere Menschen vergrub man einfach
in einer Grabhöhle unter dem Wüstensand.
Dort trockneten sie und waren damit
für das Totengericht gut vorbereitet.

Reiche und bedeutende Verstorbene
wurden mumifiziert.
Die Organe wie Lunge, Magen und auch Leber
wurden in einer Salzlösung eingelegt.
Nur das Herz blieb im Körper.

In diesen Gefäßen
wurden die Organe
der Verstorbenen
aufbewahrt.

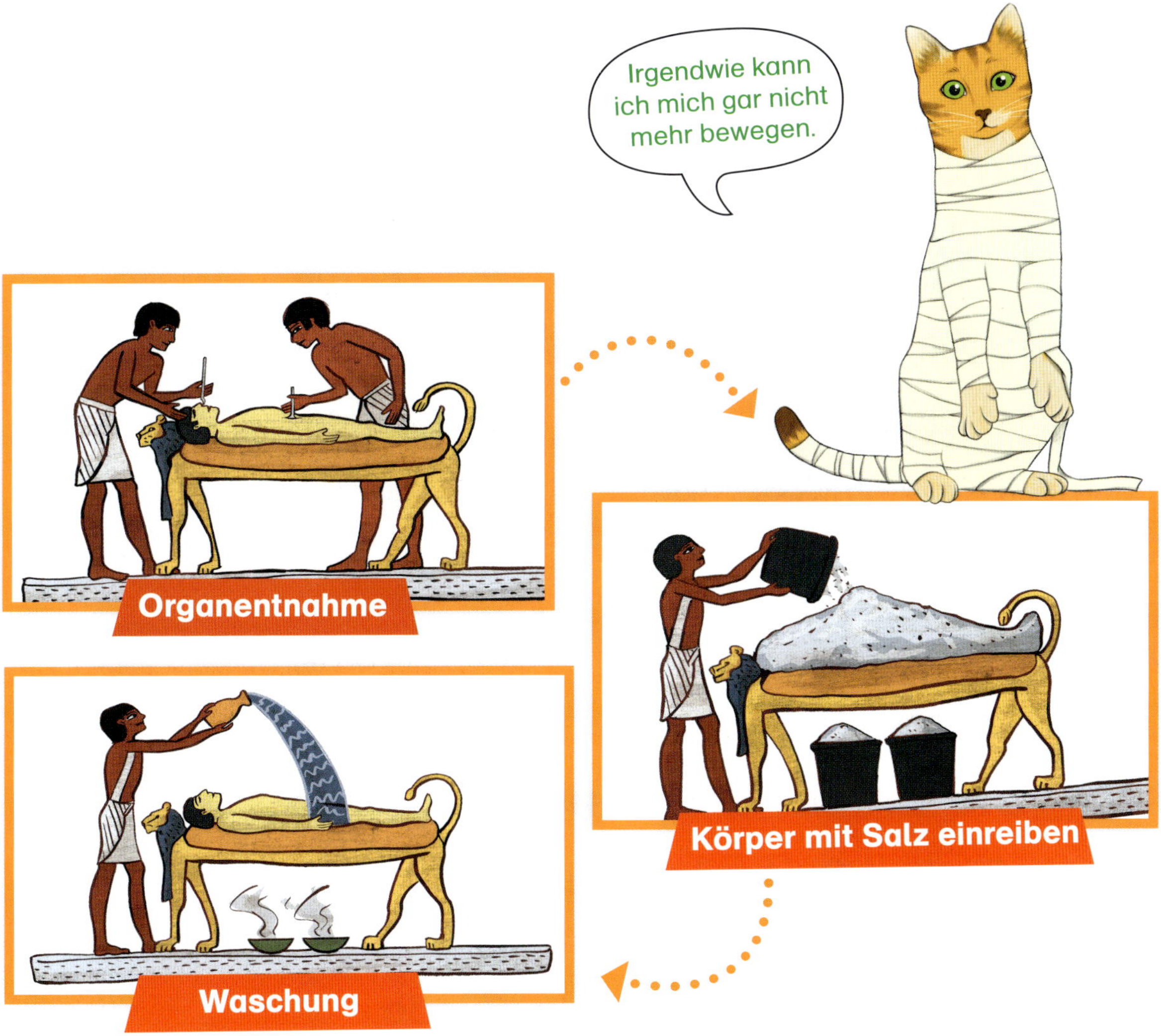

Gut gewickelt

Der Körper wurde mit einer Salzlösung eingerieben.
Das trocknete ihn aus und machte ihn haltbar.
Nach etwa 60 Tagen wusch man das Salz ab.
Anschließend balsamierte man die Toten
mit duftenden Ölen ein.
Zum Schluss wurde der Körper dann
in frische Leinenbinden gewickelt.
Fertig war die Mumie.

Die Pyramiden von Giseh

Die Gräber der Pharaonen

Für ihre Gräber ließen einige Pharaonen prächtige Bauwerke errichten: die Pyramiden. Damals hatten sie glatte Wände aus weißem Stein.
Im Inneren der Pyramiden befanden sich verschiedene Kammern und Gänge.

Die Cheops-Pyramide

Die höchste Pyramide wurde für den Pharao Cheops gebaut.
Sie ist 138 Meter hoch und war lange Zeit das höchste Bauwerk der Welt.

Im Tal der Könige

In späterer Zeit ließen sich die Pharaonen Felsengräber in das Gebirge schlagen. Der bekannteste Friedhof dieser Zeit ist das Tal der Könige. Dort hat man bis heute 64 Gräber entdeckt. Die Grabkammern waren voll mit wertvollen Grabbeigaben. Leider sind die meisten davon bereits von Grabräubern geplündert worden.

Die Grabkammern sind mit kunstvollen Malereien geschmückt.

Das Tal der Könige

Leben im Jenseits

In der Vorstellung der Ägypter war das Grab
die neue Wohnstätte der Toten.
Die Mumie wurde in einen Sarkophag gelegt.
Dieser bestand meist aus Stein.
In ihrem neuen Leben sollte es
den Toten an nichts fehlen.
Deshalb befanden sich im Grab
zahlreiche Beigaben.
Es gab Goldstücke und Edelsteine.
Damit konnten die Verstorbenen
im Jenseits bezahlen.

Totenbuch

Ein Totenbuch sollte den Verstorbenen auf seiner Reise ins Totenreich begleiten und beschützen. Es enthielt auch magische Sprüche.

Sarkophag

Uschebti

Ring

Schmuck, Kleidung und sogar Speisen befanden sich in den Gräbern.

Im Reich der Toten

In den Gräbern wurden auch
kleine Statuen gefunden.
Diese sollten die schweren Arbeiten
für die Toten im Jenseits übernehmen.
Diese Statuen nannte man Uschebti.

Selbst Wagen, Sänften und Schiffe
wurden den Verstorbenen mitgegeben.
Rund um die Cheops-Pyramide fand man zum
Beispiel fünf vergrabene Boote.
Damit sollte Cheops auch im Totenreich
umherfahren können.

Wo die Gottheiten wohnen

Die Menschen verehrten viele
Göttinnen und Götter.
Für diese wurden eigene Tempel gebaut.
Betreten werden durften diese nur vom Pharao
und seinen Priestern.
Für das Volk wurden vor den Tempeln
Götterstatuen aufgestellt.

Um die Tempelanlage herum
wurde eine hohe Mauer errichtet.
Sie schützte diesen Ort.
Neben dem Eingangstor wurden meist
hohe Türme errichtet.
Auch finden sich oft Sphinxe vor den Tempeln.

Tempel Karnak

Eine Sphinx ist meist ein Wesen mit einem Menschenkopf und einem Löwenkörper. Hier ist es ein Widderkopf.

Säulenhalle

Im Tempelinneren

Ein Tempel bestand aus mehreren Räumen,
die hintereinander lagen.
Der Eingangsraum war eine Säulenhalle.
Der Boden glänzte silbrig.
Er sollte an den Ur-Ozean Nun erinnern.
Die Säulen stellten Lotusblumen
oder das Papyrusdickicht der Sümpfe dar.

Im Tempelinneren stieg der Fußboden
leicht an.
Im letzten Raum, dem Allerheiligsten,
befand sich eine kleine goldene Statue
der Tempelgottheit.
Diese wurde jeden Tag gewaschen
und angebetet.

Ägyptische Göttinnen und Götter

Für die Menschen im alten Ägypten waren Gottheiten etwas ganz Normales.
Und es gab sehr viele von ihnen.
Die wichtigsten findest du hier.

Amun-Re ist der Sonnengott. Nachts war die Sonne nicht zu sehen. Dann durfte sein Name von keinem Menschen ausgesprochen werden.

Osiris ist der Herr über das Totenreich.

Thot wird meist mit Paviankopf abgebildet. Die Menschen glaubten, dass er die Sprache und die Schrift erfunden hat.

Isis ist die Frau von Osiris. Sie ist eine Beschützerin der Toten.

Horus ist der Sohn von Osiris und Isis und Herr des Himmels.

Anubis wurde mit einem Hundekopf oder Schakalkopf abgebildet. Er ist der Gott der Mumifizierung.

Hathor ist die Göttin der Liebe und der Musik.

Eine Figur der Göttin Bastet.

Der Skarabäus galt als Glücksbringer.

Heilige Feste

Die allermeisten Menschen in Ägypten durften die Tempel nicht betreten. Sie konnten nur zu den Götterstatuen an den Eingängen der Tempel beten. Zu großen Festen wurden die Statuen aus dem Allerheiligsten geholt. In einem Schrein versteckt, wurden sie der Öffentlichkeit gezeigt. Es gab aber auch kleine Amulette und Statuen für den Alltag.

Der Frosch war ein Symbol des Lebens.

Kleos Lesequiz

1 Wie hieß der Gott des Totengerichts?

a) Isis
b) Osiris
c) Amun

2 Wo wohnten die Götter?

a) Sie wohnten auf der Akropolis.
b) Sie saßen auf Wolken im Himmel.
c) Sie lebten in den Tempeln, die für sie gebaut wurden.

3 Welches Organ wurde in der Mumie belassen?

a) Das Herz.
b) Der Magen.
c) Das Gehirn.

Lösung: 1b), 2c), 3a)

Schlaue Erfindungen

Aus diesen großen Steinen wurde die Cheops-Pyramide errichtet.

Cheops-Pyramide

Der Bau der Pyramiden

Die Pyramiden sind riesige Bauwerke.
Die Cheops-Pyramide ist die größte von allen.
Sie wurde aus ungefähr 2,6 Millionen Steinen gebaut.
Jeder dieser Quader besteht aus Granit und wiegt etwa so viel wie ein Elefant.

Damals gab es weder Kräne noch Bagger oder andere Maschinen.
Mit der Hand und einfachen Werkzeugen wurden die Klötze aus dem Steinbruch geschlagen.
Tausende von Menschen arbeiteten viele Jahre an dem Bau einer Pyramide.

Stein auf Stein

Vom Steinbruch wurden die Felsblöcke auf Schlitten zur Baustelle gebracht. Diese wurden von Arbeitern gezogen. Doch wie konnten die Menschen die Steine bis auf 138 Meter Höhe übereinanderstapeln? Bis heute weiß man es nicht genau.

Das Ziehen der großen Quader war schwere Arbeit.

Geheimnisvolle Zeichen

Die kunstvolle Bilderschrift im
alten Ägypten nennt man Hieroglyphen.
Unsere Schrift besteht aus Buchstaben.
Jeder Buchstabe steht dabei für einen Laut.
Im alten Ägypten gab es dagegen Bildzeichen.
Der Adler steht zum Beispiel für einen Laut.
Andere Schriftzeichen bedeuteten
gleich mehrere Laute.
Und dann gab es Bildzeichen,
die für einen ganzen Begriff verwendet wurden.

Hier notieren Schreiber, wie viel Getreide geerntet wurde.

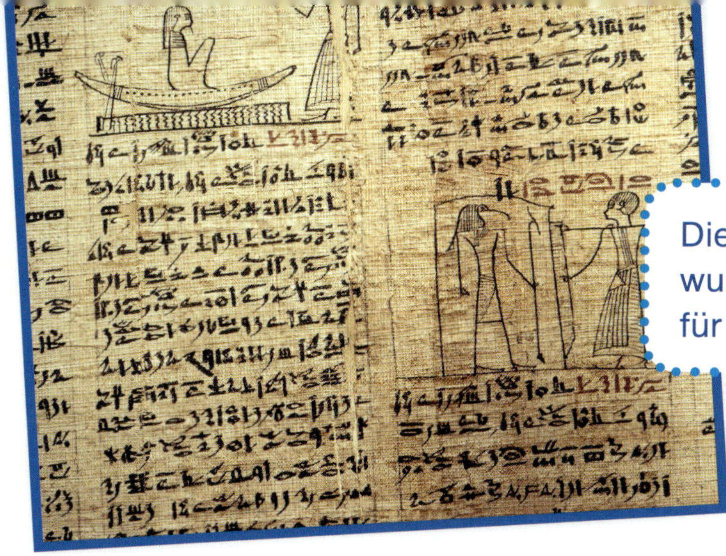

Die hieratische Schrift wurde zum Beispiel für Briefe verwendet.

Verschiedene Schriften

Für die Verwaltung gab es noch
eine andere Art von Schrift.
Sie hieß hieratische Schrift.
Sie war einfacher zu schreiben
als die Hieroglyphen.

Königliches Zeichen

Den Namen eines Pharao kann man
bei Inschriften sehr schnell entdecken.
Er steht immer in einer Art Rahmen,
der sogenannten Kartusche.

Name des Königs Ramses.

Genaue Beobachtung

Für die Landwirtschaft
war der Nil sehr wichtig.
Deshalb beobachteten die Menschen
den Wasserstand genau.
Zu niedrig bedeutete Trockenheit.
Zu viel Wasser konnte die Felder
und Dörfer verwüsten.

Mit speziellen Brunnen konnte
der Wasserstand gemessen werden.
Diese Brunnen waren mit dem Nil verbunden.
Das Wasser sammelte sich in einem Schacht.
Anhand der Markierungen ließ sich
abmessen, wie hoch das Wasser stand.

Hier siehst du
ein Nilometer.
Der Wasserstand
wurde an der Wand
markiert.

Auch heute noch wird Papyrus geerntet.

Papier aus Gras

Am Ufer des Nils wachsen
die meterhohen Papyrusstauden.
Sie wurden mit einer Sichel geerntet.
Aus den Stängeln der Pflanzen
wurden dann Schreibunterlagen gefertigt.

Dabei wurde der Stängel geschält
und in dünne Streifen geschnitten.
Diese Streifen wurden dann
in mehreren Schichten übereinandergelegt.
Dann wurde der Saft herausgeklopft.
Anschließend trocknete die Platte in der Sonne.

Gut zu erkennen sind die feinen Papyrusfasern.

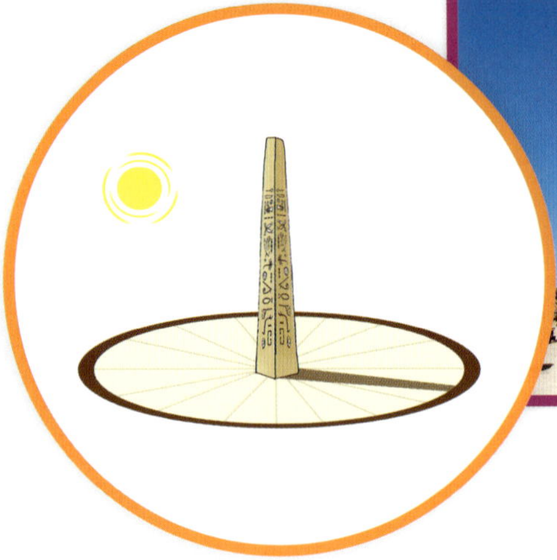

Möglicherweise wurden solche Obelisken auch genutzt, um damit den Stand der Sonne zu messen.

Kalender und Tageszeit

Im alten Ägypten beobachteten
die Menschen den Himmel und den
Verlauf der Sterne sehr genau.
Für sie waren die Gottheiten
für die Bewegungen
am Himmel verantwortlich.

Die Tageszeit wurde nach dem Stand
der Sonne bemessen.
Dafür wurden Stäbe aufgestellt
und mit einer Art Ziffernblatt markiert.
Je nach Schattenwurf des Stabes wurde
die entsprechende Tageszeit angegeben.

Kleos Lesequiz

1 Was passierte mit einem toten Pharao?

a) Er wurde in ein Boot auf dem Nil gelegt.
b) Er bekam ein prächtiges Grab.
c) Er wurde im Garten des Palastes begraben.

2 Wie schwer war ein Steinblock der Cheops-Pyramide?

a) So schwer wie ein Hund.
b) Etwa so schwer wie ein Löwe.
c) In etwa so schwer wie ein Elefant.

3 Woran konnte man die Hieroglyphe eines Königs erkennen.

a) Der Name wurde immer von einer Kartusche umrandet.
b) Der Königsname wurde immer in Gold geschrieben.
c) Statt des Namens wurde nur sein Gesicht abgebildet.

Lösung: 1 b), 2 c), 3 a)

Das alte Ägypten erforschen

Ausgrabungen in Ägypten

Das alte Ägypten hat die Menschen
schon immer fasziniert.
Noch heute finden an vielen Stellen
im Land Ausgrabungen statt.
Ganz vorsichtig tragen die Fachleute dann
Schicht um Schicht des Sandes ab.
Dafür nutzen sie zum Beispiel
kleine Schaufeln und Pinsel.
Es darf nichts zerstört
oder übersehen werden.

Die Ausgrabungsstätte in Sakkara.
Hier wurden 2023 neue Gräber entdeckt.

Die gefundenen Scherben werden wieder zu Gefäßen zusammengesetzt.

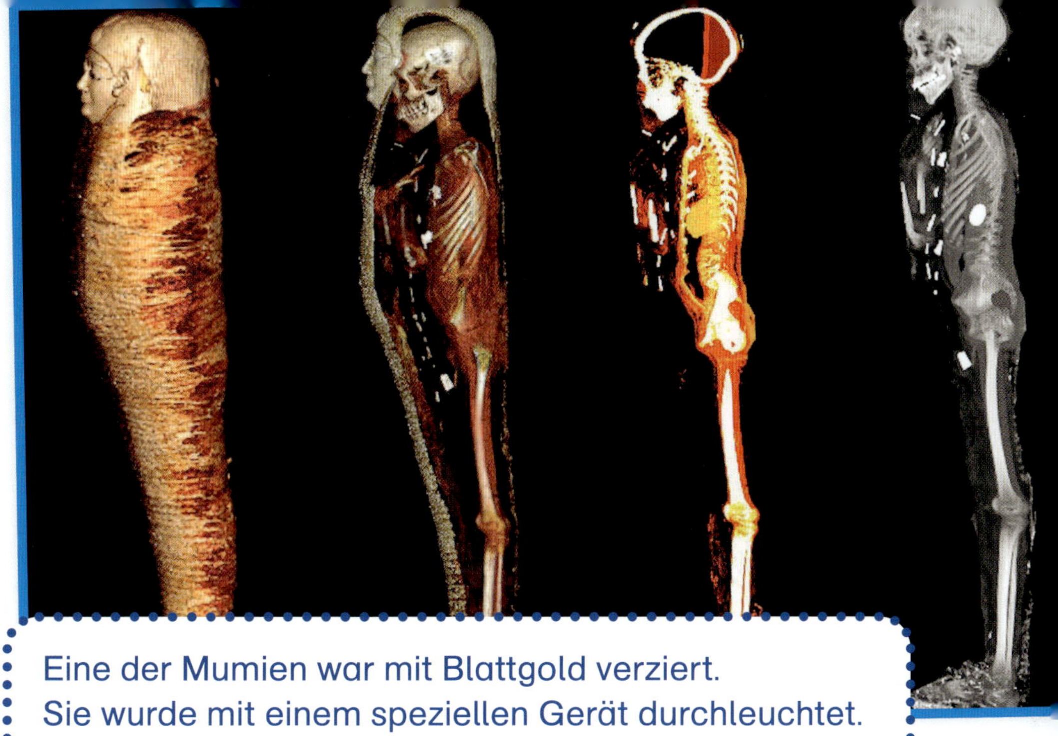

Eine der Mumien war mit Blattgold verziert.
Sie wurde mit einem speziellen Gerät durchleuchtet.

Spannende Entdeckungen

Forschende fanden im Jahr 2023
südlich von Kairo
vier neue Gräber und
eine goldverzierte Mumie.
Der Sarkophag war noch verschlossen.
Genau so, wie er vor über 4 000 Jahren
hinterlassen worden war.

Der Mann mit dem Stock ist Howard Carter. Vorsichtig werden Gegenstände aus dem Grab getragen.

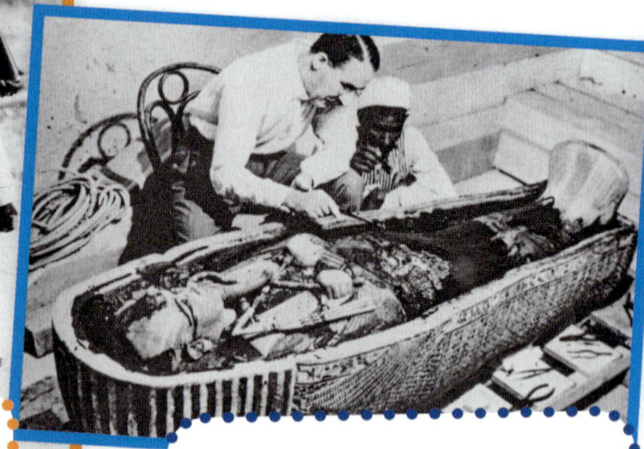

Der Sarkophag des Tutanchamun.

Ein sensationeller Fund

Der Forscher Howard Carter
und sein Team machten 1922
eine atemberaubende Entdeckung.
Sie stießen im Tal der Könige
auf das Grab des Pharao Tutanchamun.
Es war fast unversehrt.
Sie hatten ein Königsgrab
voller Grabbeigaben, Goldschätze
und der Mumie selbst gefunden.
Zu Lebzeiten war Pharao Tutanchamun
eher unbedeutend.
Aber seine Mumie wurde weltweit berühmt.

Der Stein von Rosette

Doch wie lernten die Forscher überhaupt, die Hieroglyphen zu lesen? Alles begann mit einem Stein. Französische Soldaten fanden ihn 1799 bei dem Dorf Rosette im Sand. Auf diesem Stein stand ein Text in drei Sprachen: in Hieroglyphen, in Demotisch und in Altgriechisch. Der altgriechische Text konnte gleich übersetzt werden. Aber es dauerte noch bis zum Jahr 1822, bis die Hieroglyphen enträtselt waren.

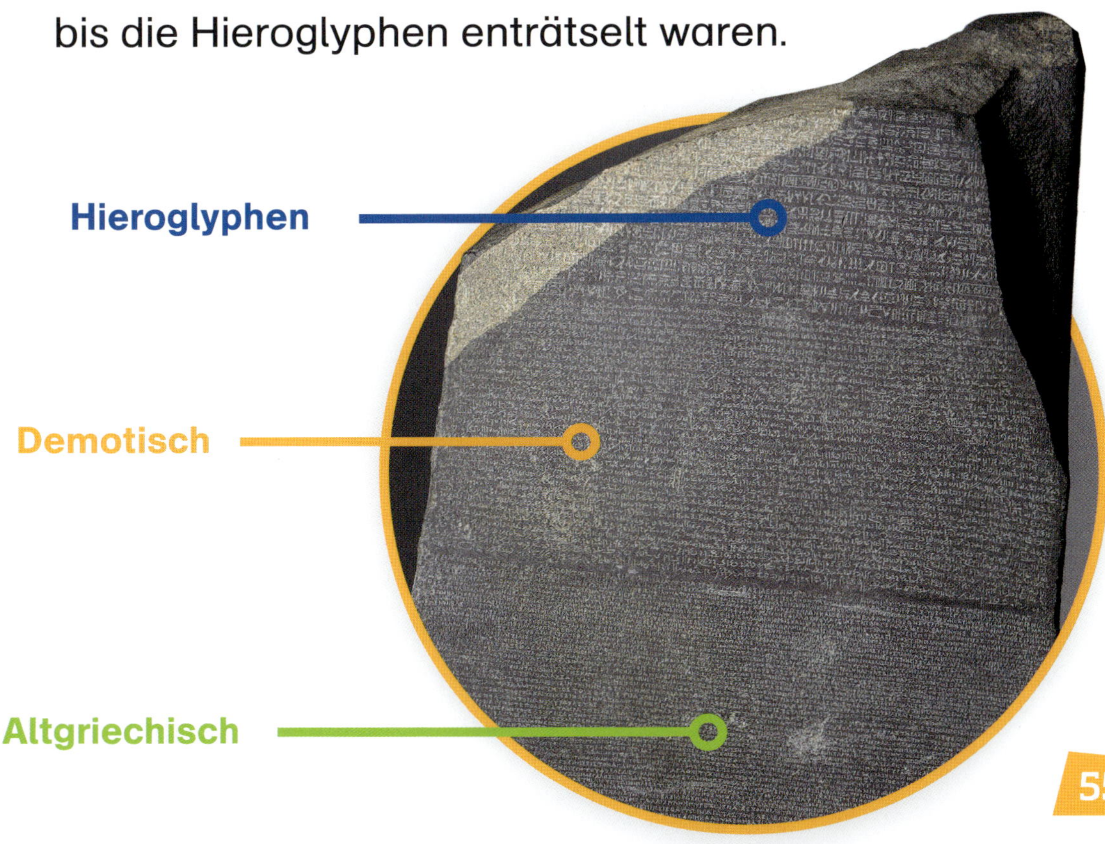

Der Tempel von Abu Simbel

In den 1960er-Jahren wurde ein Staudamm gebaut. Der Tempel Abu Simbel drohte darin zu versinken. Also musste der Tempel umziehen. Er wurde in riesige Steinstücke zersägt und in höherer Lage wiederaufgebaut. Es war ein unglaublich aufwendiges Projekt. Und es war ganz wichtig, dass auch beim neuen Tempel die Sonne zweimal im Jahr auf die Statuen leuchtete.

Der Assuan-Staudamm

Die riesigen Figuren wurden zersägt und abtransportiert.

Hier werden Lilienblüten ausgepresst.
Dann wird die gewonnene Flüssigkeit zu Parfüm verarbeitet.

Wesir Phtahhoptep riecht an einem Parfüm.

Wie roch es wohl im alten Ägypten?

Eine ganz spezielle Forschungsrichtung
beschäftigt sich damit,
wie es im alten Ägypten gerochen
haben könnte.
Informationen dazu finden sich in alten Texten.
In der Nähe einer Schmiede roch
es zum Beispiel nach dem Rauch des Feuers.
Im Tempel duftete es nach den Opfergaben
wie Milch, Brot, Kräutern und Honig.
Reiche Menschen konnten sich
Parfüm und Salben leisten.

Sag mal, Kleo …

Wo lebst du denn eigentlich im Palast?

Ich habe mein Zimmer gleich neben der Küche.
Da fällt immer mal etwas zu essen ab.
Und da es ja auch eine Göttin
in Katzengestalt gibt, sind mir die Diener
des Pharao immer sehr wohlgesonnen.
Ich darf überall hin und mich sogar
auf die bequemen Sofas legen.

Was machst du denn den ganzen Tag im Palast?

Ich sitze am liebsten im Garten und schaue
den Kindern des Pharao bei ihren Spielen zu.
Manchmal spielen sie Fangen
und rennen wie wild umher.
Wenn ein Lehrer zum Unterricht kommt,
ist es mir zu langweilig.
Ich muss ja nicht lesen und schreiben können.

Und was würdest du dir am liebsten mal anschauen?

Ich bin ja sehr neugierig.
Am liebsten würde ich mit
dem Pharao und den Priestern
mal in den Tempel gehen.
Denn niemand weiß so recht,
wie es da aussieht.
Ich habe auch schon zweimal
versucht hineinzuschleichen.
Doch ich wurde immer
von Wachleuten verscheucht.

Und was hast du heute noch vor?

Heute findet ein großes Fest im Palast statt.
Da ist viel los und jede Menge Leute
aus dem ganzen Land sind zu Gast.
Da schaue ich mal vorbei. Und wer weiß,
vielleicht fällt ein bisschen Fisch für mich ab.

Danke, Kleo!
Dabei wünschen wir dir viel Spaß!

Kleos großes Lesequiz

1 Wie häufig überschwemmte der Nil das Land?

a) Etwa alle fünf Jahre gab es eine große Flut.

b) Jeden Monat kam es zu Überschwemmungen.

c) Der Nil trat einmal im Jahr über die Ufer.

2 Wie viele Herrschende gab es im Laufe der Jahrtausende?

a) Es gab etwa 1000 Pharaonen.

b) Über 100 Herrscher regierten.

c) Es waren um die 2000 Herrscher.

3 Eine berühmte Pharaonin hieß ...

a) Kassiopeia.

b) Karla, die Königin.

c) Kleopatra.

Lösung: 1c), 2b), 3c)

4 Konnten alle Menschen schreiben und lesen?

a) Nein, nur wenige Beamte.

b) Nein, nur Männer konnten lesen.

c) Ja, alle Menschen lernten es von klein auf.

5 Wer durfte die Tempel betreten?

a) Alle Menschen zu bestimmten Zeiten.

b) Nur die Priester und der Pharao.

c) Nur die Priester.

6 Wo lebte der Pharao?

a) Er lebte in einem Zelt.

b) Der Pharao wohnte auf einer Burg.

c) Er lebte in einem großen Palast.

Lösung: 4a), 5b), 6c)

7 Wie bewässerten die Bauern ihre Felder?

a) Die Bauern verlegten lange Schläuche.

b) Sie gruben Gräben zwischen den Feldern.

c) Sie bewässerten ihre Felder gar nicht.

8 Warum durften schon Kinder Bier trinken?

a) Sie mochten keinen Tee.

b) Weil es kaum Alkohol enthielt.

c) Weil es gar keinen Alkohol enthielt.

9 Was glaubten die Menschen, was sie nach dem Tod erwartete?

a) An das Nichts nach dem Tod.

b) Ein neues und besseres Leben.

c) Ein neues Universum erwartete die Menschen.

Lösung: 7b), 8b), 9b)

10 **Wie hieß der Sonnengott der Ägypter?**

a) Echnaton
b) Amun-Re
c) Osiris

11 **Wer entdeckte das Grab des Tutanchamun?**

a) Agatha Christie
b) Howard Carter
c) Napoleon Bonaparte

12 **Mit welchem Hilfsmittel konnte man die Hieroglyphen entschlüsseln?**

a) Mit einer Art Schablone.
b) Man fand das große Buch der Hieroglyphen in einem Pharaonengrab.
c) Der Stein von Rosette diente als Übersetzungshilfe.

Lösung: 10b), 11b), 12c)

Bildquellennachweis

akg-images: 19o (Album), 21ur (Album/Sol90); **Image Professionals GmbH (spl)**: 43u (JOSE ANTONIO PEÃ'AS); picture alliance: 7u (Grabfresko: akg-images), 8ul (Mary Evans Picture Library), 9ur (Heritage Images/© Fine Art Images), 11u (Liszt Collection), 12ol (Robert Harding Productions), 12or (dpa/dpaweb/Andreas F. Voegelin), 13ur (Heritage Images/ Anna (Nina) Macpherson Davies), 14ul (Heritage Images/Fine Art Images), 14ur (dpa/Michael Sohn), 15ol (Ramses: blickwinkel/ McPHOTO/BilderBox), 15or (Kleopatra: Zoonar/Kokhanchikov), 15ul (Cheops: akg-images/Erich Lessing), 16o (World History Archive), 17ul (Liszt Collection), 17ur (akg-images/Erich Lessing), 18ul (Liszt Collection), 18ur (akg-images/Werner Forman), 20ol (Liszt Collection), 20or (akg-images/ Andrea Jemolo), 22o (Heritage Images), 22u (Heritage Images), 26ur (dieKLEINERT/Sabine Koch), 27ol (The Print Collector/Heritage Images), 27or (Liszt Collection), 29o (Organentnahme: dieKLEINERT/Sabine Koch), 29mr (Waschung: dieKLEINERT/Sabine Koch), 29ml (Salzlösung: dieKLEINERT/Sabine Koch), 32ul (akg-images/Nimatallah), 32ur (Liszt Collection), 33or (akg/ Bildarchiv Steffens), 35o (Zoonar/Givaga), 36ul (Artcolor), 36um (Artcolor), 36mr (Liszt Collection), 38ur (Liszt Collection), 44ul (akg-images/Erich Lessing), 45o (akg-images/Werner Forman), 45ur (Heritage Images), 46u (dpa/Mike_Nelson), 47ur (Zoonar/Aleksander Nikolaenkow), 48ol (dieKLEINERT.de/Rudolf Schupple), 52ul (Reuters/Mohamed Abd El Ghany), 52ur (Associated Press/Amr Nabil), 53o (Associated Press/Uncredited), 54ol (HIP/Stapleton Historical Collection), 54or (akg-images), 55ur (dpa/Trustees of the British Museum), 56ur (imageBROKER/F. Gierth), 57ol (akg-images/Werner Forman), 57or (Herve Champollion/akg-images), 61ul (Robert Harding Productions), 62o (World History Archive); Shutterstock: 4-5 (AlexAnton), 7ul (Nil: Patryk Kosmider), 7ur (Papyrus: rangtheclick), 8ur (Lukas Bischoff Photograph), 9ul (mareandmare), 10o (Macrovector), 11o (AlexAnton), 15ur (Tutenchamun: Jaroslav Moravcik), 24-25 (Ali Fadhil), 26ul (chrisdorney), 28u (Kanopen: ego 19861111), 30o (Nick Brundle Photography), 31ur (Zbigniew Guzowski), 31ul (Sergii Figurnyi), 33ol (Krikkiat), 34ul (moonfish8), 34ur (Patryk Kosmider), 37ul (StockBox24), 37ur (Prachaya Roekdeethaweesab), 37ol (Prachaya Roekdeethaweesab), 37or (Ivan Soto Cobos), 38ol (mariesacha), 38or (elen_studio), 40-41 (JDzacovsky), 42ol (Waj), 47or (bumihills), 48or (Pakhnyushchy), 50-51 (akimov konstantin); Wikipedia: 6ol (CC BY-SA 3.0/Jeff Dahl), 56ul (Public Domain)

Umschlagfotos: Shutterstock: U1 (Robiehn), U4 (WitR)

Text: Christina Braun
Lektorat: Julia Meyer, Anja Kunze
Illustrationen: Jennifer Wunderwald
Bildredaktion: Christine Schmidt-Rudloff
Gestaltung: Daniel Holy, Ruth Koch
Umschlaggestaltung: Daniel Holy, Ruth Koch

ISBN 978-3-7886-7691-9

WAS IST WAS
Erstes
LESEN
Wale und Delfine
TESSLOFF

WAS IST WAS
Erstes
LESEN
Planeten
TESSLOFF

WAS IST WAS
Erstes
LESEN
Vulkane
TESSLOFF

WAS IST WAS
Erstes
LESEN
Natur entdecken
TESSLOFF

WAS IST WAS
Erstes
LESEN
Bienen
TESSLOFF

WAS IST WAS
Erstes
LESEN
Wald
TESSLOFF

WAS IST WAS
Erstes
LESEN
Pferde und Ponys
TESSLOFF

WAS IST WAS
Erstes
LESEN
Wetter
TESSLOFF

WAS IST WAS
Erstes
LESEN
Polargebiete
TESSLOFF

WAS IST WAS
Erstes
LESEN
Unsere Erde
TESSLOFF

WAS IST WAS
Erstes
LESEN
Insekten
TESSLOFF

WAS IST WAS
Erstes
LESEN
Ozeane
TESSLOFF

WAS IST WAS
Erstes
LESEN
Dinosaurier
TESSLOFF

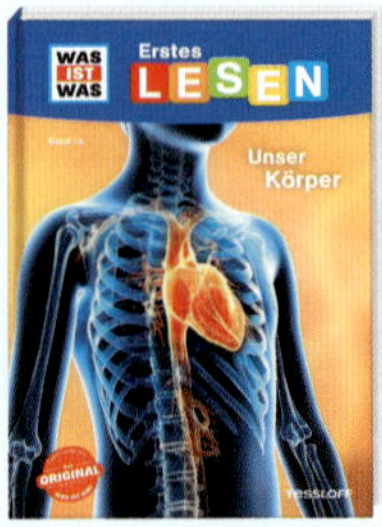
WAS IST WAS
Erstes
LESEN
Unser Körper
TESSLOFF

WAS IST WAS
Erstes
LESEN
Regenwald
TESSLOFF

WAS IST WAS
Erstes
LESEN
Haie
TESSLOFF

WAS IST WAS
Erstes
LESEN
Raubkatzen
TESSLOFF

WAS IST WAS
Erstes
LESEN
Greifvögel
TESSLOFF

WAS IST WAS
Erstes
LESEN
Ritter und Burgen
TESSLOFF

WAS IST WAS
Erstes
LESEN
Wölfe
TESSLOFF